신남 가는 막차

시로여는세상 시인선 038

신남 가는 막차

김영희 시집

시로여는세상

시인의 말

장독대 옆 맨드라미 붉다

나이든 밤나무
이파리 뒤에 밤송이 키우고 있다
남몰래 가시를 키우는 저 푸른 밤송이
감춰두고 싶던 나의 뒤란

처서가 한참 지난날

맨드라미 붉은 뒤란에 열무를 심었다

한뎃잠 자는 나의 詩들
문패라도 달아줘야지 마음먹은 날이었다

2018년 늦가을
김영희

차례

시인의 말 005

1부

더덕꽃 013
모란이 환했나! 014
오월은 상중喪中이다 015
3월 축산항 016
잔치국수 018
초경初經 019
봄날 020
봄, 한나절을 두고 왔다 022
숙면熟眠이 먹고 싶다 024
구탄봉에 안경을 묻다 026
스테고사우루스를 보다 028
나팔꽃 문신 029
이팝나무 030
야래향 그 여자 032
여냇골 도화 033
유월 그믐 무렵 034
둥글다는 것 036

2부

강 건너는 북창 039

현무암 040

그해 여름 042

그 여자 044

수의壽衣를 말리며 048

팔월 오후 049

폭우 050

이명耳鳴 051

빈집 저 대추나무 052

소리 박물관 054

복날 055

돌은 제 몸에 문신을 새기지 않는다 056

가뭄 058

63병동에서 059

밤꽃, 만발하다 060

장마 062

3부

처서處暑 065

전어錢魚 066

공항 067

상강 068

손금을 보다 069

백정은 죽을 때도 버들잎을 물고간다지 070

면경面鏡 072

돌부처 074

나를 벗어보다 075

소주 한 상자 스무 병 076

저, 벌거숭이 077

매직 파마 078

벌초하러 간다 079

연이 할머이 술 석 잔 080

나도 안다고요 082

냄새 084

가을 086

4부

누에의 잠 089

머리를 풀었다 090

농부가農夫歌 마지막 추임새처럼, 정월 열나흘 092

폐경 094

오래된 냉장고 095

임종 096

낙과落果 097

폭설 098

가자미 100

붉은 문장으로 흐르다 101

그런 시절 104

치통 108

북 치는 남자 109

팔봉산 110

장마, 지하실이 잠겼다 111

일주문 밖 삼겹살 몸 뒤집던 시간 112

이별 연습 114

해설 안녕 금례 씨 ― 홍천, 그 오래된 고원_우대식 115

1부

더덕꽃

산중에서 오래된 성전聖殿을 만났다

살아 천년을 마감하고 죽어 천년이 진행 중인
주목의 고사목에 의지해 반석을 다지고 있는 푸른 성전

바람은 발자국마다 종을 매달았다

한여름 나무도 키를 낮추는 고지高地에 세운 성전
오래된 종루의 푸른 누각마다 향기로운 종소리 난다

바람의 기도에 나무와 새들이 역사役事를 이루었으리

높은 곳을 향하는 길은 멀고 험하다

종이 흔들릴 때마다 산중 울려 퍼지는 푸른 향기

나무도 새도 풀도 고요해진다

모란이 환했나!

유월이 오면 모란이 피고
모란이 피면 져버린 사랑 다시 피는가!

어느 계절을 지우다 유월에 멈췄나!

신남 가는 막차 없지?

어느 여인 앞을 서성이던 기억인가
꽃잎 다 떨구고 꽃술조차 시든 겹겹 주름진 눈
눈웃음 싱긋하며 붉어지는 관골

신남이 어디인지 몰라도 막차 시간 감추고
연인 치마 자락 잡아보던 저물녘
붉은 심장 꽃잎으로 지던 아직도 유월인데
어느 사랑이 저토록 환했나!

가까이부터 지워지는 아흔의 기억

검버섯 가득한 유월 모란이 붉다

오월은 상중喪中이다

8시 첫차를 타고 수원 가는 길
옥양목을 풀어 놓은 듯 창밖이 온통 하얗다
오월은 상중喪中이다
흰 소복의 꽃무리 위로 초여름 바람이 지나간다
엎드렸다 일어나는 오월
물고기 비늘처럼 하얗게 일어서는 꽃 비린내
보이지 않는 냄새가 가슴을 울린다는 걸 이 아침에 읽는다
소복 입은 꽃들이 운다
아카시아 찔레 이팝나무
봄이 떠난 자리 홀로 남겨져 꽃으로 핀다는 것이
얼마나 처연한 슬픔인지 떠난 이는 모른다
가슴 저미는 이별이 눈부신 아름다움이란 걸
꽃들은 모른다
창밖 온통 하얗게 울먹이는
오월 봄을 하얗게 지우며 보내고 있다

3월 축산항

얼마나 오래 읽혔을까

풍랑 주의보에 꽂혀 있는 축산항
끈으로 꿰맨 고서古書처럼 고깃배들 밧줄로 묶여있다
젖은 바람이 파도를 넘길 때마다 뱃전에서 목쉰 걱정이 들렸다
온몸이 귀인 죽도산 대나무들
파도가 넘어질 때마다 우우 몸을 일으킨다

작은할머니 소리 내어 읽던 언문 고서
구운몽도 있었고 박씨부인전도 있었다
때론 심청전을 듣기도 했지
기상도에 보이는 태풍의 눈 같은 점點이 아래아로 읽히는
언문 이야기 속 고어古語들처럼 바람의 문장으로 다가온 3월
우울이 회색으로 짙은 축산항에서 고깃배들의 근심을 읽는다
낯선 부호들이 집어등으로 매달린 저 고깃배들
붉은 밑줄을 긋듯 만선의 맑은 날도 있었겠지

띄어쓰기도 쉼표도 없이 이어지는 바다

〉
나는 한숨 돌리려 행간을 건너뛴다
바람이 거친 필체를 휘두를 때면 이야기 속 인물 몇 쯤
지우기도 했겠지
바다가 삼킨 주인공들이 그물에 걸려 나오기도 했어
바다는 저 배들을 얼마나 읽었을까
뱃전에서 들리는 목쉰 3월 축산항

잔치국수

이천 호국원 엄마한테 다녀오던 날
새벽 첫차 놓칠까 봐 아침도 거른 오후 두 시 무렵
생각 없는 뱃속이 자꾸 꼬르륵거린다
터미널 분식집의 메뉴판을 바라보다
잔치 국수에 눈이 머문다
멸치 육수에 미리 삶아 놓았던 소면을 넣어주는 잔치국수
소면을 좋아하던 엄마
엄마를 보내던 그 날
우린 미리 삶아놓은 소면처럼
슬픔을 미리 준비했던 것은 아니었을까
명치 아래 통증이 온다
엄마의 임종 앞에
한꺼번에 이어지다 끊어지던 허기 같은 울음
불은 면발들이 그날의 기억처럼 툭 툭 끊긴다
입술을 적시며 목구멍으로 넘어가는 뜨거운 국물
통증으로 오던 아픔들이 거짓말처럼 지워졌다

터미널 분식집은 아직도 잔치 국수가 있다

초경 初經

열네 살 지원이

첫 꽃이 피었다고 전화가 왔다

앵두가 발갛게 부풀던 유월 초순이었다

뒤란에 몰래 심은 양귀비꽃 피던 날이었다

오월이 한 달 쯤 지난 날이었다

입하가 지난 여름의 초입이었다

오디가 꽃분홍으로 홀로 자라는 계절이었다

봄날

벚꽃 지고 영산홍 붉던 날
가리산 막국시집 앵두나무 가지마다 꽃 비늘 어지러웠지
푸줏간 불빛 같은 선홍빛 관광버스
막국시집 앞을 가로막더니
벌건 아가리 젊지도 늙지도 않은 한 무리의
남녀를 쏟아놓았지
시곗바늘이 정오를 지나간다
가는 이보다 오는 이가 더 많던 막국시 집 그 시간
앵두나무 꽃그늘 찾아든 사내와 여자
불그레한 얼굴에 끈적한 눈빛 주고받으며
분가루 날리는 주름진 얼굴을 비비며
요리조리 몸을 바꾸며 폰으로 셀프 샷을 하고 있다
벌들이 잉잉거리는 앵두꽃 바라보다
주문한 국시를 기다리다
메밀국시발 같은 그들의 나이를 가늠하다
칙칙한 수다에 붉은 양념을 버무리며
들큼하고 시큼한 한나절 뒤섞어 목구멍에 밀어 넣던
나른한 한낮

미지근한 육수에 간장 한 방울 떨구며
저것은 불륜일까 꽃일까
관광버스 떠나고 꽃그늘 남녀도 떠나고
앵두꽃만 하얗게 흐드러졌지

봄, 한나절을 두고 왔다

나폴리아에 갔다
골든리트리버 마중 나오는 그곳에 갔다
유니폼처럼 브라운의 갈기가 같은 삼 형제
손님들 사이 누비며 주문을 받는다
봄날을 고르라고 한다
바다는 무한 리필이라고 귓속말을 한다

메뉴판을 들여다보다
메뉴에 없는 풍경도 되는지 묻는다
바람과 햇살은 특별 서비스라고 속삭인다
봄날에 맞는 풍경을 골똘하게 생각하기도 했다
용포 바다는 무한 리필이라는 유혹에
몇몇이 심해深海를 가져올 수 있냐고 묻기도 했다

그곳의 봄날은 저마다 가격이 달랐다
잔잔한 바다에 하얀 포말을 얹으면 프리미엄이 붙는다
심해에서 퍼 올린 에스프레소가 작은 종이컵에서 흔들렸다
서비스로 따라온 바람이 나폴리아의 파라솔을 넘어뜨렸다

말간 햇살에서 생강 냄새가 났다
마시다 만
봄, 한나절 나폴리아에 두고 왔다

숙면熟眠이 먹고 싶다*

늘 잠이 고파요
허기진 잠의 날들이 싫어요
유효기간 지나지 않은
따뜻한 숙면熟眠 한 그릇 먹고 싶어요
설익은 잠이 토막토막 끊기고
마른 잠이 자꾸 부서져요
지나간 밤이 팅팅 불고 있어요
불면不眠은 정말 싫어요
선잠 속 멋대로 드나드는 악몽
폐기 처분해야 할 상한 것들이
누렇게 뜬 얼굴에 섞여 있어요
한 물간 잠이 까칠하게 새벽을 들고 일어나요
비릿한 코피가 뚝뚝 떨어져요
설익은 비몽사몽도
메뉴에 넣어야 하는지요
마루 끝에 걸친 시원한 샛 잠 정도는 간식이지요
따끈따끈한 숙면 한 그릇 주세요
그루잠이라도 한 국자 퍼주시겠어요?

고명으로 낮잠이라도 잠깐 얹어주면 더 좋고요
따뜻한 숙면이 먹고 싶어요

* 이상국 시인의 「국수가 먹고 싶다」에서 제목을 빌려옴

구탄봉에 안경을 묻다

구탄봉에서 안경을 잃어버렸다

눈을 목에 걸고 선글라스로 풍경을 바꿨다
목에 걸었던 눈이 미아가 될 것이라는 것을 예견하지 못했다
봄도 여름도 아닌 오월의 볕이 너무 강했었다는 핑계
그건 실종의 이유가 될 수 없다

아홉 번의 감탄사가 나온다는 구탄봉
한 번의 감탄사도 내려놓기 전
그 산은 내가 놓친 아이eye를 숨겨 놓고 저 혼자 먼산바라기다
의심 가는 산길을 몇 번이나 오르내렸지만
아이를 놓친 곳을 가늠도 할 수 없다
미아를 보호하고 있다는 소문조차 쉬쉬했다
숲 어딘가에서 미아가 되어 나를 원망할
울 줄도 소리 낼 줄도 모르는 나의 아이는 그렇게 구탄봉에 묻혔다
모질게 사망이라고 붉은 도장 쾅 찍고 내려오는 길
비탈길이 자꾸 울먹인다
햇살 쨍한데 안개비가 앞을 막는다

발자국 내디딜 때마다 발밑 작은 돌들이
아이처럼 주먹질한다

스테고사우루스를 보다

낡고 오래된 목욕탕 안
늙은 여인 느릿느릿 빈자리를 찾는다
기역으로 굽은 등위
목덜미부터 꼬리뼈까지 도드라진 분홍빛 골판들이 범상치 않다
이미 멸종된 스테고사우루스.

벌거벗은 제 몸을 탐식하던 군상들이 탐욕스러운 눈으로
그녀에게 초점을 맞춘다
쥐라기 공원이 사라지고 공룡이 사라지고
백악기 시대의 멸망을 지나 인간으로 진화한 공룡의 후예들
고생대 식물이 자랄 것 같은 음습한 그곳에서
스테고사우루스를 마주한 그들

동지인지 적인지 경계를 풀지 못한다
가끔 이들의 어깨나 허리에도 미처 진화되지 못한
골판들이 붙어있는 것을 볼 수 있다
호기심의 탐욕스런 눈들을 피해 자리를 찾은 그녀
몇 번 더운물을 끼얹고 느릿느릿 비누질한다
등에 붙은 골판 하나 비늘처럼 떨어진다

나팔꽃 문신

서른다섯
왼쪽 손목에 푸른 나팔꽃을 심었다

어렵사리 얻은 씨앗이
왼쪽 나팔관에 주저앉아 싹을 틔웠다

꽃밭이 아닌 곳에서 자라는 꽃은 더 이상 보호받을 수 없어

한밤중
급작스런 통증은 살려달라는 비명
7주를 넘기지 못한 생生이 심장 소리만 남겨놓고 떨어졌다
덩굴만 남겨진 자리
심장 소리가 진물처럼 매달린다

심장 소리 새길 수 없어 나팔꽃을 심었다

이팝나무

32년생 금례 씨는 사내 아우가 넷
버덩으로 시집가면
걸구 같은 머시마들 이밥 좀 실컷 먹여보려나
열여덟에 얼굴 모르는 버덩 총각 따라갔다지

버덩 맏며느리, 병든 시조부에 자린고비 시부 마흔도 안 된 시모
고만고만한 시뉘 젖먹이 시동생까지 그 입만도 스물이 넘어

사십 여 리 물어물어 누이라고 찾아온 막내
이밥은커녕 물 한 그릇도 못 먹이고 그 자리서 돌려세웠다고
두고두고 아라리로 외던 금례 씨

가슴 아린 아우들 이밥 한 번 실컷 먹여 볼 때쯤 되니
오뉴월 보리타작 도리깨질처럼 돌림병이 먼저 후려쳐
앞서거니 뒤서거니 산림감수 가더라고
후렴처럼 부르고 또 부르던 금례 씨 아라리

여든여섯 오월 먼저 간 아우들 만나러 가며

생전 먹이지 못한 이밥이 걸렸나
허옇게 퍼진 이 밥 고봉으로 매달아
발자국마다 꽃밥 넘쳐 흐드러지던
이천 호국원 이팝나무 그 꽃길

야래향 그 여자

페로몬보다 더 진한 몸 내 풍기며
내 사내 품에 안겨 온 여자
거실 한구석 주저앉더니 떠날 기미 보이지 않는다
어디 한 곳 정 붙일 곳 없는 저 여자
꽃잎조차 남루함으로 피는 저 여자
밤마다
머리카락 꽃잎처럼 흩뿌려 놓고
아찔한 몸 내 풀어 천지사방 어둠을 홀리다가
아침이면 잠든 척하는 여자
요망스러운 저년!

여냇골 도화

여냇골 가파른 바위 서렁* 개복사 나무
앙둥바리 되어 바위틈 부여잡은 아랫도리 나이깨나 들었겠다
드문드문 터뜨린 꽃마다 벌들이 잉잉거린다
바위 서렁에 매달려 모진 생 이어왔을
야생에서 웃음 팔던 나이든 들병이더냐
발자국도 뗄 수 없는 생의 벼랑에 아슬아슬 매달린
네 향기 네 웃음이 천 리 밖을 나돌아 벌 나비 불러 모으는구나
도포자락 휘날리며 색주가 찾아들던 벌 나비들아
이 꽃 저 꽃 날아들다 외딴 바위 서렁 꽃내음을 찾았구나
허방에 핀 꽃이라 함부로 날갯짓 마라!
웃음이 헤프다고 쉬이 덤비지 마라!
벼랑 끝 도화로 피어 색을 부르는 모습 처연하지 아니한가
색을 핑계 삼아 제 생을 도둑맞아도
노염조차 망각한
꽃 진 자리 아비 모를 새끼들만 시퍼렇게 자란다

* 벼랑의 영서지방 방언

유월 그믐 무렵

 마른 젖꼭지에 매달리던 젖먹이처럼 옥시기 밭 바랭이는 마른 땅을 물고 쉽게 놓지 않았다. 초복 지나고 중복 오기 전이다. 가뭄이 깊은 비탈밭 물 맛본 지 언제인지 아등거리는 흙을 긁어모아 배배 꼬인 옥시기 두벌 북을 주며 바랭이 얼굴이 보이지 않을 때까지 밭고랑에 엎드렸다 일어나는 안산댁. 술 한 잔 들어가면 쇠 떡심처럼 트집 잡아 물고 늘어지는 서방 얼굴 떠올리며 하현달의 어스름, 어둠 골라 디딘다. 밭머리 뽑아 던진 쇠비름 가뭄에도 고개 쳐들듯 그놈의 가난은 아무리 호미질을 해도 시들 줄 몰랐다. 뽑다가 끊어지기 일쑤인 감자밭 개비름처럼 올 가뭄은 뿌렁지도 깊다고 한줄기 소나기 바라며 무뎌진 호미 날 기우제처럼 개울물에 씻어본다. 사립문을 들어서는 그녀 얼굴이 어둡다. 서른 훨씬 넘어 낳은 젖 허기 못 면한 아이는 두 돌이 지나도록 젖꼭지 물고 늘어져 억지로 젖꼭지 뺄라치면 새벽부터 울어 재끼는 매미처럼 온종일 악악거리다 지쳐 잠들기 일쑤였다. 술 취한 아비 곁에서 아이는 잠 속에서도 젖 빠는 시늉을 한다. 쇠귀신 같은 사내 만나 생긴 속병은 해가 갈수록 명치끝에 주먹 하나 매단 것 같다. 삼마치 약수 속 앓이에 특효라는데 올해는 물 맞으러 가는 안골 성님들을 따라가기로 했다. 그 성님들 천렵 삼아 나서던 물 맞으러 가는 날, 올해는 명치끝에 매달린 이 주먹 같은 것 좀 꺼내 던져야지, 오동나무 반닫이 안에서 몇 해 여름 한 번을 입지 못하고 난 중모시 적삼을 꺼내 본다. 접은 자리가 너무 깊어 주름이 펴질지 모르겠다.

둥글다는 것

봄날도 아주 늦은 봄날
양양 송이공원 풀밭에서 네잎크로바를 찾는
뒷모습이 찍혔다
행운은 어디에도 보이지 않고 클로즈업된
등만 둥글다
비로소 내가 보는 나의 뒷모습
등으로도 나이가 보이는구나
엎드린 등이 무언으로 보여주는 나이
이순耳順이 넘으면 귀도 혀도 둥글어진다고
이순이나 둥근 이나
소리 내 보면 혀가 안으로 숨는다
왠지 쓸쓸해지는
귀보다 혀가 먼저 눈치채는 둥근 나이

2부

강 건너는 북창

햇살이 은빛으로 부서지는 칠월의 오후
화양강 휴게소에서
찬 커피를 마시며 창밖을 본다
푸른 열매 넓은 잎을 가진 가래나무 아래 강이 흐른다
물고기 비늘처럼 반짝이며 흐르는 강물
강가에 누워있는 돌들 벌거벗은 몸이 햇살에 눈부시다
강 돌 하얗게 누워있는 강 건너는 북창
북청北靑 물장수 물지게 출렁거릴 것 같은
북창의 한낮 아득하다
산그늘에 한 발 들인 묵은 집 마당
게으른 수탉 긴 목 빼고
한 번쯤 홰를 칠 것 같은 적막
인적이 정지된 강 건너 시간도 잠시 멈춤이다
햇살만 은비처럼 쏟아지는 강 건너는 북창

현무암

남쪽 바다를 건너며
내 안의 서쪽에 골몰하던 시절 있었다

서귀포로 몸 기울이며
한경 신창 해안도로를 달리다가
한림 귀덕의
영등 할매와 바람신의 안부가 궁금했고
죽어서도 겹담을 두른 정물 오름의 무덤들에서
바람의 내력을 생각하기도 했다

가슴 밑바닥부터 끓어오르던 것들
그 뜨거운 것들이 욕망이었다는 것을
이 섬에 와서야 알았다
구멍마다 바람 드는 거멍돌이 되어서야 알았다
욕망의 지난한 시간들을 돌아보며
선택이 잘못된 순간 마지막 꿈조차 사라진 체념들이
불멸의 검정개도 삼켰다 뱉어낸다는 개기월식의
차디찬 달처럼

어둠 속에 모둘 떼기로 팽개쳐진 작금을 후회하기도 했지만
아직 숨 쉬고 살아내야 할 시간들
그대 곁에 곁담으로 남아있다.

그해 여름

장마는 우울하게 집안으로 스며들었다

우린 서리병아리처럼 웅크리고 앉아
엄마의 얼굴에서 흐르는 비와
입에 문 수건이 붉게 젖어 드는 것을 보았다
수건의 피멍이 짙어질수록 엄마는 비 맞은 빨래처럼
축축 해져갔다
오다가 그치기를 반복하는 장맛비
문지방을 쥔 손목에 힘이 들어갈 때마다 빗소리는 굵어지고
엄마는 물속에 든 듯 흥건해졌다

장마철의 밤은 물이끼처럼 미끌거렸다
물컹한 슬픔이
흔들리는 등잔불처럼 방안 가득 퍼지며
아기의 울음소리를 들었다
물풀로 흔들리던 엄마의 흐느낌이 젖은 불빛으로 새어 나왔다
아침이 되어도 아버지는 보이지 않고
할아버지의 놋재떨이 두드리는 소리와 헛기침 소리만

해가 뜨지 않는 아침을 열었다

다섯째 여동생이 태어나던 열두 살 여름

그 여자

1.
여자는 오래된 상처를 닦는다

남자의 뒤통수만 봐도 그 사람하고 살아야 하는 줄 알았던 여자
첫선을 본 남자
여자보다 일곱 살이 많던 남자는
들어오는 날 보다 안 들어오는 날이 더 많았다

남자의 아버지는
열여섯에 홀어머니와 네 동생의 가장이 되었다는

2.
여자는 먼 친척 조카라던
열두 살 시뉘와 열다섯 살 시동생의 새벽 도시락을 싸야 했다
여자는 연탄불에 밥을 지을 줄 몰랐다
남자의 작은 누이는 늘 설거지하는 여자의 뒤통수를 흘겼다
여자의 뒤통수에는 십 원짜리 동전만 한 원형탈모가 생겼다
여자보다 두 살 위인 남자의 남동생은

중매쟁이가 말한 프로필에 없었다

까무룩 한 시간
여자는 수세미에 분홍색의 이쁜이 비누를 칠해 까맣게 타들어간
가슴 밑바닥 같은 양은 솥을 닦았다
남자의 어머니는
삼십 원 하던 이쁜이 비누에 이십 원을 더 보태면
콩나물국을 끓일 수 있다고 했다
세 든 사람들과 함께 쓰던 수돗가엔 늘 여자가 모르는 남자의 소문이
퐁퐁의 거품처럼 와글거리다 수챗구멍으로 빠져나갔다
미처 빠져나가지 못한 소문들이 바닥에 불어터져
남자의 어머니를 화나게 하기도 했다

여자는 콩나물보다 이쁜이 비누를 더 많이 샀다

여자의 손바닥에는 수시로 물집이 자랐다
물집이 자랄수록 여자의 눈물주머니도 자랐다
여자의 친정어미와 동갑이던 문간방 여자가

남자의 아버지 기름 묻은 옷을 빨아주기도 했다

눈물은 설움이 설익었을 때 흐른다
여자는 수시로 가슴을 태웠다
시커먼 누룽지가 아무도 몰래 장독대 위에서 말라가는 동안
남자의 어머니는 여자의 어설픈 살림을 푹푹 끓이고 있었다

여자의 갈라진 손끝을 본 남자의 누이가 짜증을 냈다
그녀의 지청구를 들으면서도
여자는 바닐라 아이스크림이 먹고 싶었다
아이스크림을 먹을 수 있다면 지청구 따위는
날마다 들어도 될 것 같았다
바닐라 아이스크림을 먹지 못한 여자는
아이스크림을 닮은 아이를 낳았다
세상에 나오자마자 녹아버린 아이

3.
여자는 가스레인지 후드 위에

뿌리기만 해도 묵은 때가 지워진다는
강력 세제를 뿌린다

수의壽衣를 말리며

매미가 단 한 번의 득음을 위해 칠 년을 땅속에서 고행하듯
구십 노부의 수의
단 한 번의 축제를 위해 장롱 깊숙이 앉아 묵언 수행 중이다
십 년의 칩거
한 번 다문 입 열리지 않아 덩달아 접힌 오금 퍼질 줄 모른다
입을 닫아도 몸이 기억하는 세속
한 때 나를 키운 것은 칠 할이 소리*였다고
베틀 소리 기억하는 안동포의 속울음
어둠 속 고행 길어질수록 울음 가둔 야윈 몸이 눅눅하다
긴 날궂이 하안거를 견디었으니 햇살 탁발이라도 나서자
서역을 휘돌아온 바람의 수런거림
그가 지나간 자리 눈물 자국으로 남은 저승꽃 거뭇하다
묵언이란 혀끝으로 매듭짓지 말아야 할 고행
이승과의 이음새 남기지 말아야 한다고
그녀 머리 위로 눈물 머금은 햇살이 천상의 폭포인 양 쏟아지고
흰나비가 합장하듯 날개를 접는다

*서정주시인의 「자화상」에서 빌려옴

팔월 오후

마당 한구석 늙은 헛개나무 긴 그림자가 누워있다

햇살 쭈그려 앉은 빛바랜 플라스틱 의자 위
밀잠자리 오래오래 졸고 있다

검버섯 숭숭한 명아주 지팡이 그 곁을 지키고 있다

붉은 무늬 나비 외진 담장 아래 낙화한 꽃잎처럼 누워 있다

허우적거리며 지붕 위 기어오르던 호박넝쿨,
동기간 부고를 들은 노인처럼 까무룩 하다

날마다 담장 밖 기웃거리던 능소화 얼굴이 붉다

때 묻은 털이불 지고 다니던 길냥이 보이지 않는다

폭우

동광연립 302호는 늘 흐려있다

해가 보이지 않는 날도
여자의 속은 단내 나게 타들어 간다
이파리 말린 가지들이 축 처져 있다
무거운 하늘이 점점 내려앉는다
금시 한바탕 두들길 것 같다
불안한 예보는 늘 빗나가지 않았다
초저녁부터 퍼붓더니
미친 듯 국지성으로 두들기는
여자의 비명이 길길이 튀어 오른다
사정없이 두들기던 폭우 잠시 소강상태다
낮의 지열이 식어가는 한밤중
다시 숭얼거리다 소리치다
쉼 없이 시부렁시부렁 밤을 새웠다
또 다른 새벽이 젖어있다
처졌던 가지마다 눈물이 그렁그렁하다

이명耳鳴

산맥 같은 등줄기 아래 물소리 들린다
저녁이면 소용돌이로 휘몰아치는 성난 물소리
십 년이면 강산도 변한다고, 반 백년 키워온 내 몸의 산맥
안데스 고원위에 있다는 잉카호수처럼
내 몸의 등고대에 새로운 물길이 생겼나
오래된 내 몸의 고원에 물 고이는 소리
밤마다 누우면 출렁이는 저 물소리
자연의 물길도 백 년마다 제 길 찾아간다더니
내 전생 온몸 물길을 가두던 호수였었나
반백 년을 살아온 내 몸 비로소 제 물줄기 모으는 소리
밤마다 누우면 출렁이는 물소리

빈집 저 대추나무

소문 무성한 학다리 옆 오래된 집
들풀 함께 자라는 마당 한복판 늙은 대추나무 가지 찢어지겠다

한 시절 기생 여남은 명 거느리던 요정料亭이었다는 저 집
건드리면 금시 울음 터뜨리며 주저앉을 듯 불안하다
혼란의 시기 지나며
한물간 여자 몇 둔 니나놋집이었다가
종당從當에는 늙은 주모 혼자 꾸려가던 선술집이었었다는
나라님 바뀔 때마다 주인도 상호도 바뀌었다는
저 빈집의 내력
기와지붕 걷어내고 슬레이트가 얹히더니
지붕의 반이 하늘이다
불길 드나들며 엿가래 붙인 엉덩이들 노릿노릿 구워줬을 구들장
집문서 땅문서 눌어붙던 고랫장은 고릿적 이야기
개비름 쇠비름 비집고 올라와 아랫목 차지하고
온 집안 떠받치던 대들보
아직은 버틸 힘 있다고 비 가림도 못하는 지붕이나 떠받치고
주저앉은 벽 틈으로 도깨비풀, 그 까막사리들

밤마다 무슨 굿질인지
남은 벽마저 앉지도 서지도 못한 엉거주춤
집사 노릇 하던 늙은 은행나무
부도난 수표 구겨 쥐듯 그루만 남고
아직도 감춰줄 비밀이 있기는 하나
문짝 떨어진 내실內室 온몸으로 가려주다 늙어버린 담장
가을장마에 제 가슴 치며 누워버렸다

함께 나이 들어가는 대추나무
느즈막 눈 뜬 게으른 기지개 볼썽사납더니

폭염에 땀 한 방울 안 흘리고
여름내 시퍼렇던 수다, 찬바람 나자 굵직굵직한 소문들
가지 찢어지게 내걸었다

소리 박물관

무허가의 소리 박물관이 들어섰다
모깃소리 나비 날갯짓 소리 머언 곳에서 날아드는 벌떼 소리
말이 좋아 자연소리 박물관
소리란 소리 모두 모아놓은 박물관
밤을 새는 아침이면 소리만 와글거리는
입장객은 한 번도 본 적 없는
잠들지 못하는 밤이 길어질수록 다양해지는 소리
박물관 확장 중 인가봐 주인 허락 따위는 필요 없어
소리가 관장인지 불면이 관장인지 허가증도 없는 저 박물관
방음도 되지 않는 내 몸에 허락 없이 들어선
소리박물관

복날

울타리 아래 엎드렸던 검둥이가 보이지 않는다

컹 앞에 꼴지게 내던지던 근삼이 아재도 보이지 않는다

저물녘 아재가 돌아왔다

검둥이 혓바닥보다 더 붉은 얼굴로 왔다

검둥이는 끝내 돌아오지 않았다

돌은 제 몸에 문신을 새기지 않는다

한바탕의 장마가 쓸고 지나간 홍천강변
쓰러져 일어서지 못한 강풀들 사이 크고 작은 돌들이 박혀 있다
얼마나 부딪치며 구르다가 멈췄을까
거꾸로 처박힌 작은 돌 하나를 집어 든다
오층에서 투신했다는 서른 하나
그녀처럼 벌거벗은 몸
검푸른 무늬들이 온몸에 새겨져 있다
처음부터 저런 무늬를 가지고 태어났을까
태어날 때부터 제 몸에 문신을 새기는 이는 없지
물살에 부딪히고 떠밀려 바닥을 구르다 벌거벗고야 드러난
얼룩진 생의 이력
어딘지 모른 채 무작정 떠밀려 바닥을 구르며
캄캄한 시간들을 견디었겠지
그 암흑의 시간들 얼마나 무서웠을까
모난 곳 부딪칠 때마다 깊은 상처를 새기며
둥근 체념을 배웠으리라
구르고 부대끼던 상처의 흔적들 피멍든 시간이 문신으로 남아
의지한 것들에 밀려 하류까지 굴러온 생의 막장

부딪치고 굴러 죽음까지 온 그녀를 보았다
회오리 같은 어둠을 지나 비로소 세상의 발아래
죽음으로 바꾼 검푸른 문신
바닥에 처박힌 어느 서른한 살

가뭄

구순이 지난 황노인
배배 꼬여가는 비탈밭
옥시기처럼 시들시들 가물어가는
오줌 줄기
벌겋게 물든 서천西天 바라보며
오줌 한줄기 시원하게 쏟아졌으면 좋겠다

63병동에서

방광 세척액을 매달고 누운 구십 노부의 잠을 들여다본다
진통제가 불러온 잠
불편한 잠 속으로 그 누가 뛰어들었는가,
통증으로 일그러진 노안이 거친 말을 쏟는다
힘줄 튀어 오른 마른 주먹이 종주먹을 댄다
쉴 틈 없이 투입되는 세척액이 방광을 휘돌아
요관을 타고 비닐 안에 눈금으로 차오른다
노부의 얼굴이 일그러질 때마다
더욱 빠르게 차오르는 저 불그레한 액체
수시로 차오르고 수시로 버려지는

요관처럼 줄을 꽂은 고로쇠나 자작나무도
아픔이나 분노가 커질 때마다
쿨렁쿨렁 수액을 쏟아내는 것일까

잠든 노부의 곁에서 비닐 안에 채워지는 눈금을 세며
묵은 초가지붕에서 지시랑 물로 떨어지던 눈석임물처럼
노구의 속내를 휘돌아 낙수로 채워지는 눈물을 읽는다

밤꽃, 만발하다

오일장 파장 무렵,
괜찮은 떨이가 있을까 장마당을 나갔다가
신한은행 앞 피켓 들고 일인 시위 하는 여자
뭔 억울한 일이 있나

"조순자는 sex로 영업한다."

호기심 많은 철수 씨
씩 웃으며 혼잣말처럼 조순자가 뉘기여!
피켓 들고 서 있던 여자
여섯 시 정각 시곗바늘처럼 서서 얼굴도 돌리지 않고

"저 여자요! 길 건너 저년!"

길 건너는 나이키 스포츠 웨어
간판보다 큰 화면 안에서 나이든 여배우 과거 스캔들이 뜨겁고
길 건너 저년은 어디에도 없고
겉옷 위에 브래지어 걸친 시커먼 사내

말춤 추며 세일을 외친다

보이지 않는 저년들의 섹스 스캔들

유월 파장마당이 질펀하다

밤이고 낮이고 밤꽃이 발광하는 유월

장마

한밤중 욕실 안
벗어 던진 속옷 취객처럼 누워있다
구석에 머리 처박고 엎드린 수건
젖은 몸뚱이 널브러지고
비누 거품 남아있는 바닥
번들거리며 뇌진탕의 기회만 엿본다
팅팅 불은 비누 물컹하다.
자정이 넘은 시간
   창밖
비는 계속 투덜거리며 내리고
티브이 혼자 포르노 영화 상영 중이다
여름밤이 끈적하다

3부

처서處暑

한밤중 구순 노부의 방문을 열어 본다

헐렁한 옷 한 벌 침대 위에 구겨져 있다
까맣게 마른 모과 하나 품고 있는
하 오래되어 올이 끊어질까, 솔기가 터질까
푸새조차 할 수 없이 낡아 있는

다시 빨아 꿰맬 수도 없는 오래된 몸 한 벌

끊어질 듯 이어지는 생生의 날줄들

한밤 귀뚜라미 소리 끊어질 듯 이어진다

나이 들어가는 달
늙은 여름밤이 슬며시 창문 안을 들여다본다

전어錢魚

 전어가 한창 이러는구먼 퇴근길에 전화가 왔다 칠촌 당숙 며느리 서울행 막차 탔다던 날이었다.

 월미도횟집 전어錢魚는 보이지 않고 집게발에 흰 띠 두른 꽃게와 등 굽은 새우만 허우적거렸다.

 당숙 아들 늘 칼 하나 품고 다녔다지만 전어前漁는 이미 떠나버린 물고기 회칠 수 없는 물간 고기.

 수족관을 떠난 전어 한물간 몸 벌건 숯불 위에 나신裸身으로 누웠다. 돌아누울 때마다 농익은 몸내 이글거리는 눈빛들을 부른다.

공항

설악산 가는 길목
원통에도 비행장이 있다는 것을 입추 지나고 알았다
통나무 활주로 위
비행기들 이착륙이 분주하다
편대를 이뤄 이륙한 비행기들 에어쇼 한창이다

밀잠자리 떼로 뜨고 내리는 원통 비행장
목재소 지붕 위 잠자리 비행이 한창이다

상강

국화주 앞에 놓고 자커니 권커니
가을밤 붉게 물들이다 보면
무서리 내린 단풍나무 아래 슬그머니 내려앉던
덜 마른 새벽별 몇 개

손금을 보다

오래된 지도를 펼쳐놓고 길을 찾는다
백만분의 일 낡은 지도 두 장
내 생의 반백 년
이 비밀 지도 잊고 있었다
수시로 펼치고 접으면서도
그 안에 그려진 기호를 해독하지 않았다
원본에는 없던 암호가 거미줄처럼 얽혀있는
낡고 구겨진 이 지도 어디쯤
내가 꿈꾸던 파라다이스가 숨어 있지 않을까
고속도로 진입로가 어디쯤 있지 않을까
평생 금맥을 찾으며 단 한방 대박을 꿈꾸다 간
늙은 아버지의 허기진 꿈처럼
먹어도 먹어도 채워지지 않는 이 허허로움은
막연한 꿈의 부재에서 오는 것이 아니던가
누구도 알지 못할 앞날
이 지도 어디쯤 허기진 내 꿈의 길들이 있을 것만 같아
낯선 이방인 앞에 무릎 꿇으며 내밀어 보는 낡은 대지
험준한 산맥을 닮은 등줄기 식은땀이 흐른다

백정은 죽을 때도 버들잎을 물고간다지*

참 오래전 이야기야 하 오십 년은 됐지

대처에 나가 본 것이라곤 읍내가 전부인 박 씨 할머니
출세해서 미국으로 갔다는 둘째 아들 따라갔지
그 시절 동네가 들썩들썩했지

비행기는커녕 기차도 타 본 적 없는 박 씨 할머니
하늘에서 열두 시간을 날고 땅에서 열 시간 달려
아들이 산다는 미국엘 갔다는 거야

아무리 둘러봐도 산커녕 언덕도 보이질 않는
눈이 모자란 벌판

사나흘 얼떨떨 지나고
이 땅이 다 내 아들 땅인가
물어볼 이웃도 없는 그곳
울타리도 없는 집 밖에 나가

올 고사리 대가리 내밀던데
삼박골 고사리 홍기 어머이가 다 꺾겠네
거문골 고비밭 일순 어매도 다 아는데
쓴 걱정 단 근심 홀로 주절거리다가
미국 풀은 어찌 생겼나 미국도 고사리가 있을까?
퍼어런 들판 둘러보니
엄지손가락 같은 고사리가 떼처럼 깔려
한 달만 꺾으면 밭 몇 마지기 사겠구나
이 엄청난 고사리밭 누가 알세라

석 달 비자 만기 되도록 고사리만 꺾었다지

*속담 인용

면경 面鏡

애야! 팔십이 넘으면 귀신을 볼 수 있단다

바람도 숨소리 잦아들던 저물녘 방문 제 홀로 열려
저만치 검버섯 숭숭한 늙은이 나를 바라봐
— 뉘시요
앉은 몸 일으켜 마중 나가니
그도 일어나 나를 향해 걸어오나니
어 험 헛기침 한마디 하고
— 어디 사는 뉘긴지 관등성명을 대시오
으름장을 놓으니
시커먼 그놈 무시무시한 그놈
되려 삿대질하며 고함을 치나니
문득
무시무시한 저 얼굴 어디서 본 듯한 얼굴
꿈이냐 생시냐
날 가자 왔구나 이제 그만 가자 왔구나
간 닢 툭 떨어져 허청걸음 떼다가
눈앞이 번쩍 잠시 캄캄

인정머리 없는 저 저승사자
기어이 날 때려눕혀 끌고 가려나
정신 줄 바짝 잡고 일어나니
바로 코앞
저승꽃 만발한 늙은이 이마빡 벌게
오만상 구기며 나를 바라본다

돌부처

홍천 동창 탑둔리 물걸 사지
천년을 흙 속에 묻혔다 나왔다는
육덕 좋은 석불 비로나자불앞에 섰다
시앗을 보면 돌부처도 돌아앉는다고
어떤 시앗을 봤기에
저 돌부처 천년을 흙 속에 돌아앉았었나
가릉빈가의 울음 설움으로 남아있는

나를 벗어보다

낡은 입간판 나부상裸婦像으로 서 있다

최음제를 마신 듯 수치심 없이 사내 앞에 벌거벗는
나를 본다
향내가 아찔한 중년 사내는 내 알몸을 기다린다
옷고름처럼 나이를 풀어 태어난 시간을 벗어놓고
마지막 속옷 이름 석 자마저 벗으라 한다
어쩌자고 낯모르는 사내 앞에 나부裸婦가 되려 하는가
사내의 유혹에 나를 벗어 던지고
몽유처럼 손을 내민다
내 손을 더듬는 그의 눈빛이 수상하다
그의 두 눈이 손바닥을 지나 얼굴을 더듬는다
양미간을 눈을 코를 입을 그리고 무너지기 시작한 턱선까지
그의 눈이 얼굴을 돌려 내 귀를 질겅거린다
뜨거운 혀끝으로 나의 과거와 미래를 벌거벗겨 내동댕이친다
노상에 앉아 흔들리는 마음 유혹하는 저 남자
— 손금 관상 사주 봅니다.

소주 한 상자 스무 병

관광 간 마누라는 오지 않고
산골의 밤은 껌벅껌벅 깊어가고
마루 밑에 누렁이도 조용하고
혼자 남은 가을밤 딱히 할 일은 없고
부녀회에서 파는 소주 짝 깔고 앉아
안주도 안 되는 티브이만 멀뚱거리다
이놈이 얼마나 될까
한 병 다 쏟아 봐도 대접이 차지 않네
에라이 입에다 쏟아버리고
이놈도 그런가 다른 병 열어 다시 부어보고
병뚜껑 몇 번 열고 몇 번 붓고
아침 눈 떠 보니
빈 병 열네 개 나하고 나란히 누워있더라고

술통으로 출렁거리는 사내의 너스레에
흥건하게 고이는 뒤풀이 뒷자리

저, 벌거숭이

이른 아침 터미널 간다
알파문구사 건너 블루헤어 지나 커피 블록 지나다
벚나무 가로수에 기대선 사내와 마주쳤다
왠지 낯익은 얼굴

아! 롯데리아 건너 인디안 매장에서 본 저 사내
신상품 나오면 젤 먼저 입어야 직성 풀리는
마주치는 얼굴에 눈인사 한 번 할 줄 모르는
어른 앞에서 고개 한번 숙일 줄 모르는

저 건방진 놈
어쩌다
이른 아침 속옷 까지 벗겨 쫓겨났을까
벚나무 가지마다 수다스런 참새들 흘깃흘깃 소곤거려도
표정 하나 변하지 않는 저 뻔뻔한
괜스레 내가 낯 뜨거워 빠른 걸음 내딛다
문득
뒤돌아보니 저 벌거숭이
도도한 얼굴로 낡은 손수레 타고 간다

매직 파마

혼혈로 시작된 나의 시조는 가야국의 왕 수로 씨라네
인도 공주의 배를 빌어
김 씨 허 씨 자손 나누어 가진 올곧게 뻗지 못한 아리송한 신화
왕이었다가 역적이었다가 노비로 떨어지던 혼란의 자손
김해 김씨 안경공파 이십몇 대손
뿌리부터 갈라져 뒤엉키던 몹쓸 내 족보처럼
나올 때부터 굽신거리는 내 머리카락
시조가 왕이면 어떠하리 노비면 어떠하리
양반 족보 팔고 사니 역사도 헝클어지는

백의민족 올곧은 역사 곰도 사람이 되는 단군신화
뿌리부터 뜨겁게 달궈 주욱주욱 펼치면 나도
단일민족의 후손이라고

벌초하러 간다

추석은 다가오고, 벌초는 못 하고
인력 사무실 일꾼 둘 앞세워 벌초하러 간다

선산 밭머리 개망초 하얗게 눈 흘기니
물봉선 고마리 여뀌 발치에서 덩달아 힐끔힐끔
모르는 척 산비탈 오르다 보니
개미취 오이풀 노루오줌 까치수염 여기저기서 수군수군
뒤통수 뜨거워져 발걸음 자꾸 더뎌지는데
즈덜이 뭘 안다고
내 뒤따르던 산바람 앞서 수군거리더니
머리통도 덜 여문 산도라지 산마늘 새파란 고것들
절레절레 도리질하고
저만치 양지비알
시젯날 모여들던 문중들처럼, 한껏 목울대 젖힌 늙은 고사리들
게으른 저 여자
종부라는 저 여자

연이 할머이 술 석 잔

1.

중매는 잘 서면 술이 석 잔, 잘못 서면 뺨이 석 대라고, 열일곱에 서산으로 시집갔었다는 독거노인 연이 할머이, 친정 아부지 윤 영감 서석 누런동에서 방귀 꽤나 뀌던 양반이었다고 마흔 넘어 본 하나밖에 없던 무남독녀 그저 보는 것만도 흐뭇해 입버릇처럼 우리 딸 도장관한테 시집 주마더니.

"서산 어느 양반네, 장독은 백白항아리요 독마다 금입디다 마당에서 내다보면 돌 하나 없는 오랖 뜰은 눈이 모자라고 마당은 장정 다섯이 쓸어도 한나절, 그 가솔덜 발바닥에 흙 한 번 묻혀본 적 없는 양반 중에서도 상 양반입디다 신랑감 듬직해 입은 얼매나 무거운지 심성도 그만하면 지우를 거 없지. 흠이라면 신랑감 쬐께 나이가 좀 많치"

조선 팔도 안 돌아다니는 데 없다는 방물장수 낡은 명석에 겉보리 내 널듯 널어놓은 말 바람에 날아갈세라 애

면글면하던 딸 재물이며 가풍 그만한 자리 쉽지 않다고 장관 사위보다 부잣집 사위가 낫다고,

2.

  사흘 낮 사흘 밤 꽃가마에 흔들리다 두 발 내디디니 허허벌판 갯벌 옆에 울타리도 없는 오두막 반 평짜리 방 한 칸 거적문 펄럭이는 정짓간이 전부 그 잘난 며느리 데려오느라 남은 건 빚만 한 두렁이라고 홀시엄니 시집살이 금 간 백항아리에서 새어 나오는 소금 간수보다 더 쓰고, 주린 배 움켜쥐고 눈이 모자라는 갯벌 호미질 삯품으로 내몰릴 때 수군거리던 꼬막들 입 다물고, 오늘 가야지 낼 가야지 밤마다 보따리 열두 번도 더 싸다가 말 못 하는 배냇병신 앉은뱅이 저 서방 어찌 두고 갈꺼나 오도 가도 못 한, 새끼 내도 못해 본 세월 이제 구십이 다돼가는구먼 막걸리 한 잔 주욱 들이키고 갈고리 같은 손으로 짠지 한 쪽 집어 들며 저승 가서 고놈의 방물장수 만나면 막걸리 서너 잔 들입다 앵겨야지 연이 할머이 술 석 잔.

나도 안다고요

 햇물 고추 들일 때 되었다 마른고추 보러 가자 추석 전에 들여야 두 세물 좋은 고추라네 남들 첫물첫물 하지만 첫물은 비켜라 거멓빛이 짙어서 간 빛깔이 안 나온다. 끝물은 아서라 씨도 많고 껍질 얇아 장 가머리 밖에 안 되지, 두 세물 태양초로 간을 해보라마 쇠간처럼 붉은빛이 얼마나 발갛고 고운지, 엄니 안살림일지에 적어놓지 않았어도 고초당초 매운 시집살이 왼금으로 익혀 몸에 밴 고추 들이는 방도方道라네

 농사도 모르는 얼치기 고추 보는 방도 내밀며 두 물이냐 세 물이냐 물으니 비 온 뒤 호박잎처럼 수다 너부러지는 상오안리 최 씨네 -당근 이건 두 물이지라 난 숭허게 그짓말은 안혀 뽐뿌질한 물로 멀끔하게 씻어 말렸으니 씨잘데 없는 걱정일랑은 마셔어 종자가 좋아 씨도 별로 읎어 고치가루도 많이 나올겨어.

 ― 꼭지 퍼러하니 태양초는 아니구면― 설익은 아는 척에 최 씨네 그 아낙 홍두깨 같은 팔 휘휘 저으며 ―요

즘 태양초 찾으면 얼간이여 말만 태양초지 몽땅 기계서 시들려 비닐하우스 안에서 흙먼지 뒤집어쓰고 밤이면 쥐새끼 버러지 다 밟고, 알고는 드러워 못 먹어어 그걸 태양초라고 비싼 값 주는 것들이 헛똑똑이라니까 —

냄새

그릴 안에서 고등어가 익어 가는 내내
눈치 없는 비린내, 성난 후드의 손사래에도
식탁보며 앞치마 자락에 매달렸습니다
식탁 위 만찬이 끝나고 앙상한 가시 위로
나이든 형광등 흐린 눈을 껌벅여도
구석진 어둠 속에 엎드려 떠나려 하지 않습니다

빗길 떠나야 할 저녁은
철부지 낯선 이웃에 맡긴 늙은 아비 같고
온갖 불온한 것들이 서성이는 문밖은 불안입니다
물먹은 저녁 깊은 어둠 속으로 내딛는 발길이 무겁습니다

홀로 남겨진 눈치 없는 철부지 바닥을 뒹굴고
외눈 부릅뜬 낡은 선풍기 쿨럭거리며 도리질합니다

창밖 비는 여전히 중중거리고
온몸 다 젖은 수상한 것들 창 틈새를 기웃거립니다
비 오는 날은

세상을 떠돌던 온갖 부랑한 것들도 집을 찾아 듭니다
반드시 비 오는 날은

가을

여름이 한숨 한 번 쉬었을 뿐인데
단풍나무 붉나무 괜스레 얼굴 붉히고
은행나무 노랗게 질려
구린 과거 제 먼저 털어놓더라

4부

누에의 잠

마지막 잠에서 깬 엄마는 먹기를 그쳤다
몸을 비우려는 듯 내내 배설만 했다
일주일이 지나자 투명해지기 시작했다

보름 후

발가락까지 말개진 엄마 섶에 올랐다.

머리를 풀었다

메주가 검은 머리를 풀었다

씻겨 뉘인 금 간 몸에서 수상한 냄새가 났다

간장이 검은 옷을 입었다

키우던 강아지 날마다 구덩이를 팠다

봄이 되어도 철쭉, 꽃을 피우지 않았다

살구, 열매를 달지 않았다

쪽동백 꽃숭어리 목을 맨 채 이파리 떨구고 있었다

서슬 푸른 비자나무 잎 다물더니 누렇게 말라갔다

가을을 잃은 산수유 열매

소슬바람에 검버섯 숭숭한 것들 수심처럼 떨어졌다

아침마다 검은 까마귀 지붕 위에서 울부짖었다

금 간 두 번째 겨울이 가고 있었다

아흔여섯

몸 벗어두고 언 발로 떠난 새벽길

농부가農夫歌 마지막 추임새처럼, 정월 열나흘

농부가農夫歌의 마지막 추임새 같은 정월 열나흘. 아낙네야 날 밝기 전 일어나게나, 올 경인년 정월 열나흘은 무신戊申일일세 새벽 우물 제일 먼저 물을 떠야 우물 속에 잠긴 용알을 건진다네 푸른 새벽 일어나거들랑 잡소리 하덜 말고 부럼 먼저 깨물게나 "아이고 부럼이야" 담 넘어 들리도록 와자작 깨물었는가? 열나흘 새벽 보시게나 우리 집 대문턱 누가 먼저 넘었는가 눈 바로 뜨고 보시게 남정네가 먼저 들어야 그해 병아리가 대풍이라네 보시게 덜 대문을 나서거든 더위는 사지 말고 팔고만 오게나.

지난갈 따로 모아둔 황률이며 대추 고논에서 거둔 찹쌀일랑 싸라기 한 알 없구나 모가지 부러지게 숙였던 언덕배기 찰수수, 버덩말 주막집 포로족족한 주모 얼굴 잘여문 차조빛을 닮았네 재 너머 두어 사래 뿌려 놓았던 붉은 팥은 귀신을 쫓는다지 섶나무 울타리 기어오르던 울타리 콩도 넣어보세 자 이제 오곡밥을 지어보세 지난 늦봄 뜯어말린 곰취 나물취 삶아 취쌈 준비하고 볕 좋은 가을 해에 끝물 애호박 끝물 가지 오가리로 말렸으니 아홉 가지 묵나물 준비하세 이날 마는 짐치 짠지 꺼내 놓지 말게나

개 보름 쇠듯 한다고 개는 굶기고 날것은 먹지 않는 날이라네.

남정네들아! 아홉 가지 나물에 오곡밥을 먹었으면 자! 나무하러 가 봄세 오늘은 아홉 끼 먹고 나무 아홉 짐 하는 날 불살 좋은 햇 싸리 골라 베어 햇 칡 끊어 단을 묶어 지게댕기 늘어나도록 나뭇단 묶어질세 산비알 내려올 때는 뒤꿈치에 힘을 주게나 우리네 농군들이야 하루 쉼이 열흘 굶기 아닌가 싸리나무 아홉 짐 바깥마당 부렸으면 보름밤에 태울 망우리나 만들어 보세 삼겹데기 벗겨낸 저릅대 묶어 옹이로 굳었던 광솔 맘껏 타오르라고 가운데 꾹 박아넣고 낭굿단 묶었던 칡 물을 축여 찢어서 나이대로 매듭 묶어 식구대로 준비하게 정월 대보름달이 떠오르거든 횃불 붙여 꽂아놓고 더도 말고 덜도 말고, 오늘만 같아라 두 손으로 두 귀 잡고 소원 한번 빌어 보게 삼세번 절을 하고 망우리여! 망우리여! 정월 대보름에 불러보는 농부가 마지막 추임새처럼, 쥐불놀이로 훨훨 태워줄 논두렁 밭두렁 남아나 있으려나

폐경

수십 년을 마른 적 없다는 우물골 샘 통 해마다 물이 줄더니 이 년 전부터 바닥을 드러냈다

물길 끊긴 묵정 논 물풀 조차 뿌리 내리다 말라버린 빈 논 생산을 포기한 마른 논

쓰다 만 복합비료 두 개 필요 없는 생리대처럼 남아있다

오래된 냉장고

이십 년을 함께 산 저 여자
내 손 닿지 않은 곳 없는
만나면 가슴부터 열어보고 싶던 여자
언제부터인지 누르팅팅 추레하게 늙어 간다
찬바람 쌩쌩 돌던 도도함은 어디로 가고
제 맘 내키는 대로 얼었다 녹았다 변덕만 늘어가는 여자
그 큰 덩치 한구석 차지하고 앉아 목소리는 왜 그리 커지는지
닥치는 대로 먹어치우던 식탐 툭하면 신트림 게워내는 여자
들여다보면 위하수증 만성위염 골다공증 요실금
멀쩡한 곳 하나 없는
살다 보면 미운 정 고운 정 사랑 없어도 산다지만
정은커녕 점점 마음 멀어져 가는 저 여자
이십 년 함께 살았으면 참 많이 살았지 뭐
내 속내 눈치챘는지 툭하면 질질 눈물 흘리는
내가 아는 저 여자

임종

오월 아침 이슬에 젖은 점무늬 모시나비
찢어진 왼쪽 날개 안간힘으로 파닥거린다
마지막 수신호처럼 보내는 몸짓
가끔 가느다란 왼쪽 다리가 함께 움직인다
누운 자리가 마지막이라는 것을 아는 듯
힘겨운 날갯짓이 무엇인가 남기고 싶은 말이 있는 듯
아무도 눈치챌 수 없는 저 몸짓
한쪽 날개로는 날 수 없다는 걸 너무 늦게 알았다
안간힘의 몸짓을 바라보는 생각들이 다르다
왼쪽 날갯짓으로 보내는 마지막 언어
아우들은 마지막 찬송을 부르고 있었다
나는 혹시 일으켜 달라는 신호는 아닐까
뒤늦은 기적을 바라기도 했다

왼쪽 날개 두어 번 움직여 입술에 얹었다

그리고 다시는 움직이지 않았다

붉은 점무늬 모시나비 우리 엄마.

낙과 落果

진성골 밭머리 돌배나무꽃
꽃비 되어 하얗게 지던 날
홍 씨네 무남독녀
아비 모르는 새끼 내 하다가 갔다
낙화한 꽃잎들 꽃 무덤으로 쌓이고
꽃 진 자리 멍울만 퍼런 설움으로 남아
황사바람 뒤넘기 질 치던 흐린 봄날처럼
저물녘 우울이 체념처럼 찾아와
꽃이 져서 아픈 게 아니고
설움이 자라 아프다고
시름시름 시들던 홍씨댁 푸른 상처

폭설

폭설은 그치지 않았다 아우성으로 쏟아지는 눈을 뚫고 집을 나선다 귀를 막을 수 없는 오래된 집이 휘청거린다 몇 년째 새 이엉을 덮지 않은 안채 지붕은 썩을 대로 썩어 금시라도 물러앉을 기세였다 폭설은 늘 찬 바람과 함께 휘몰아쳤다 낡은 지붕 초시미가 뒤집히는 것은 그때부터다 눈물은 지시랑 물로 흘러 바람벽을 적시고 젖다 얼었다를 반복한 금 간 벽들은 폭설이 쏟아질 때마다 점점 틈새 멀어져 가끔 부릅뜬 눈발이 맨발로 뛰어들었다. 멋모르는 올망졸망한 서까래들만이 언제 주저앉을지 모르는 지붕을 떠받치고 있을 뿐이었다. 주춧돌이 흔들리던 집 새 이엉을 덮어야 했던 집 용고새라도 새로 갈아야 했던 집 고집스런기둥은 몇 년째 우지끈거리는 대들보와 망초까지 기웃거리는 낡은 지붕을 떠받치고 서 있을 뿐이었다. 폭설暴雪이 내릴 때마다 부실한 기둥은 위태로웠고 낡은 지붕 초시미에서는 눈雪물이 쉼 없이 흘렀다

서른셋에 불임이 된 어머니는 아들을 낳지 못했다 새

벽밥을 짓는 어머니의 머리 위로 폭설暴說은 캄캄하게 쏟아지고 죄 없는 놋재떨이는 수없이 장죽 매를 맞았고 어머니의 가슴은 수도 없이 뒤집어졌다

  무릎까지 빠지는 생눈을 뚫고 신작로까지 걸어 나가야 했다. 대물림한 교복의 어깨 위에는 눈치 없는 눈이 자꾸 내려 쌓였다 색이 바랜 교복 안에서 밤새 이불 밑에 숨어 언 몸을 녹였던 속옷이 무릎까지 기어올라가 오금을 저리게 했다 겹쳐 신은 검정 양말의 두꺼운 발바닥이 잡을 끈 하나 없는 멍텅구리 운동화 안에서 염치없이 눈을 받아 삼켰다

  기둥도 대들보도 흔들리던 집 바람벽이 마주 보고 눈 흘기던 집 폭설暴說이 내릴 때마다 기둥이 휘청거리고 낡은 지붕은 꺼져갔지만 오래된 집은 용케 무너지지 않았다 우리는 위태로운 아버지와 낡은 어머니의 눈물을 받아먹으며 고드름처럼 자랐다

가자미

지붕들이 나지막한 가진항을 지나다

횟집 지붕 위 지느러미 말라가는 가자미들을 본다

노조에서도 밀려난 계약직처럼 수족관에서도 퇴출당한

횟감조차 될 수 없는 물 간 생

낮은 지붕 위 납작 엎드려 옆 눈으로 하늘이나 흘기며

멀쩡한 해풍에 지느러미나 앙칼지게 세워본다

나지막한 가진항

붉은 문장으로 흐르다

1.
장마가 한 달이 넘어간다.
비의 수다가 늘어날수록 수심이 깊어졌다
오래된 장마
늙은 여름의 저녁은 빨리 오고 쉬이 어둡지
장마 통의 이야기는 늘 눅눅하고 곰팡이 내가 났다
영양가 없는 대화가 식탁 위에 차려졌다
설익힌 것들 장마 통의 비브리오를 염려하고
날것들 기생충 알이 조심스러워
늙고 변덕스러운 여름의 식탁 위엔
오랫동안 졸이고 혹은 숙성시킨 침묵만이 안전하다

2.
긴 날궂이엔 가끔 싱싱한 것이 반갑다
눅눅한 저녁
그녀가 펄떡거리는 불만을 들고 왔다
뼈도 바르지 않고 숭숭 썰어놓는다
섣불리 집어 덥석 물었다

비릿하고 수상한 이 건 뭐지?

행간을 건너뛴 기호하나가 낚싯바늘처럼 걸렸다

3.
창밖 어둠 연신 중중거린다
널브러진 식탁 위
상한 것들 틈바구니 뒤섞인 위로들이
생절이가 되어 쓰레기
봉지 안으로 들어간다

4.
와글거리며
부패되어가는 검은 봉지 안 버려진 위로들이 부글거린다
비는 연신 페이지를 늘리고 있다
알 수 없는 기호들을 적으며 쉼표 없는 문장을 써 내려간다
침묵의 행간마다
출처조차 모르는 의문부호들이 떠내려온다

골짜기에서 조합된 알 수 없는 단어들이 함께 내려온다
밤새도록
강은 붉은 문장 속에 수많은 말$_{語}$들을 끌고
부딪치고 걸리면서도 역류하지 않았다.

그런 시절

 슬레이트 지붕 올린다고 초가지붕 걷어내던 시절이었다.

 농사에 쓰는 거름 맹그느라 한해 농사 작파하던 해. 땅심 올리는데 퇴비라는 거 탯줄 떨어지기 전 지게 지고 낫자루 쥐던 농사꾼이면 다 알지. 아침저녁 소꼴 베면서 풀 한 짐 더 베어 두엄더미에 던졌지. 모심기 전 논 다랭이마다 풋 갈 꺾어 논바닥 갈아엎고 써레질하던 시절이야. 동네 젊은이 덜 울력으로 젊은 과부네 풀 져 나르고 나무 해주는 거 그건 욕이 아니었어. 아편인 줄 알면서도 발끈하는 재미, 비싼 금비를 썼지. 그 금비가 땅심 베러 놓은 것도 잘 알지. 얼금배기 쉰여섯 종호 씨, 동네일을 맡으면서 나라 말씀은 하눌님 말씀이라 한 번도 어긴 적 없었지. 그해, 나랏님 지시라 퇴비 생산도 높으신 분들 심사를 받아야 했다네. 밤낮없이 풀 베라 큰 목청 돋우더니 그 동네 드디어 강원도 퇴비생산 왕이 되었네. 그때부터 시작이었지. 갈나무 북나무 신당나무 싸리나무 산뽕나무 국수대 구리대 심지어 찔레나무까지 야산의 모든 잡나무들이 퇴비에 동원되었지. 모심을 때부터 시작된 퇴비심사는 어정칠월 동동팔월 꺼정 이어져 야산의 잡목들이 몽땅 베어지고 개울가 버드나무까지 작살나니 밥은 굶어도 술독이 비면 큰일 나 웃방 아랫목에선 연신 교대로 술독이 부글거리고, 장정들 울력으로 하는 공동 퇴비생산이라 남정네들은 오랖뜰 농사도 뒤볼 새도 없이 풀베기로 내몰리고 아낙덜은 남정네덜 먹거리 해대느라 내몰리고, 두엄더미 옆 공동퇴비장에 풀더미 올라갈수록 집집마다 오랖뜰 호래이 새끼 치게 생겼다고 중중거리니 웬만한 집 달밤에 체조하듯 한밤중 더듬거려 김매기는 흉도 아니라 그래도 대통령상만 타봐라 황소 한 마리 값이란다 그 상금이 어디냐 응달들 지치밭골부터 턱골 성골 진성골 뜸메기 거문골 큰골 작은골 삼박골 골짜기마다 칡넝쿨도 붙어나지 않았으니 여기 쿵, 저기 쿵, 산처럼 지고 와 둘러메치는 풀짐이 둔덕처럼 쌓여가고 한쪽에 선 시퍼런 작두날 앞에 풀 먹이는 소리 구성지니 십 리 절반 오리나무 방귀 꿨다 뽕나무 입 맞추자 쪽나무 둥둥 울려라 북나무 사시사철 사철나무 벌벌 떠는 사시나무 대낮에도 밤나무 잔치구나 국시나무 와도와도 갈나무 오자마자 가래나무 그깟뿌렁 없다 참나무 칼로 베어 피나무 목에 걸려 가시나무 죽어도 살구나무 풀짐 벗어던진 장정도 풀을 메이는 중늙은이도 꽝꽝 작두를 밟는 젊은이도 대통령상 상금 생각만으로도 신이 났지 아이쿠 어쩔거나 전국 팔도 다 물리치고 대통령상 심사가 경상도와 맞장 떠야 한다네 경상도만 이기자 이기면 상금이 얼마냐 작두 밟는 발에 힘이 들어가고 그까짓 왕태이며 쐐기쯤이야 벌겋게 부은 자리 된장 쓱쓱 문지르고 으샤 으샤 으라차차 사다리 이어 가며 밤새워 퇴비탑을 쌓았는데 자, 이만하면 대통령상은 따 논 당상 담배건조장 높이 맨치 올라간 퇴비더미 올려다보며 흐마해 했는데 웬걸 그 나이 되도록 보도 듣도 못하던 시커먼 자동차 서너 대 신작로에 주루루 서더니 매꼬롬한 양복쟁이들 우루루 쏟아져 작대기 하나씩 들고 시루편처럼 반듯하고 지붕보다 높은 퇴비더미 이리저리 꾹꾹 찔러보고 쇠스랑으로 휙 파헤치더니 실격! 실격이란다. 나뭇가지가 많아서 실격이란다. 여적 암말 없더니 이런 우라질 얼금배기 종호 씨 신도 벗지 않고 웃방으로 뛰어들어 바가지로 들입다 술을 퍼붓더니 즈덜이 농사를 알어 즈덜이 거름을 알어 돌각사리 비탈밭 왜 곡석이 잘 되는지 알어 돌메이가 오줌을 싸 거름이 되는 거야 낭구가지가 좀 많기로소니 갸들도 다 썩어지면 거름이야 낭구덜이 드문드문한 퇴비가 진짜 거름이야 뭘 알덜 못하구 낭구가지가 뒤섞여야 버섭*이 푹푹 들어가고 소도 심이 들 들구, 땅도 퍽퍽 갈리지 곡석 뿌렁지가 쑥쑥 내리지 즈덜이 알긴 뭘 알어 물 건너간 대통령 상금 놓고 얼금배기 종호씨 가슴 치던 소리 공든 퇴비탑 무너지던 소리

  그런 시절이 있었다 풀 멕이던 우뭇골 항기아부지 작두날에 오른 손가락 네 개가 사라지던 그 해였다.

* 보습

치통

한밤중 껑충껑충 깨금발로 뛰어와
까치발로 선 당신
새벽녘까지 돋움 발로 제자리를 뛴다

북 치는 남자

그의 무전실은 어둡고 습했다
둥.당.둥.당. 둥.둥.둥.
소의 울음을 타전하는 그는 통신쟁이
갇혔던 소 울음이 그의 손을 빌어 모스부호로 타전된다
그의 神만이 알 수 있다는 모스부호의 비밀
나의 생년월일이 소 울음에 섞여 타전된다
나의 전생과 미래가 교신된다
범자문 동경銅鏡*이 아니어도 하늘과 소통한다는 그 남자
신의 언어로 보내온 인간의 운명을 해독한다
천상의 말이었다는 내 전생
늘 달리고 싶은 욕망 마구간을 벗어나고 싶은 것이
전생의 소원이었다는
역마살 낀 내 운명이 해독된다
천기를 누설한 죄
교신 되지 못한 언어들이 난해한 암호로 흩어져도
통신을 멈춰선 안 된다는 남자

나의 등에서도 북소리가 났다

* 홍천 수타사 박물관에 있는 육백여 년 전 하늘과 통신했다는 구리거울

팔봉산

팔봉리에선 여덟 달이 만삭 구만리에선 아홉 달이 만삭이라지

그 사내는 나를 이곳에 팽개치고 떠났다

축축한 숲 그늘을 지나 융모 같은 봄 햇살 헤치며 산을 오른다 양수 같은 따스한 안개가 산자락을 휘감는다 안개 속을 헤엄쳐 팔봉산의 자궁을 두드린다 산은 능선마다 소원 하나씩 얹고 간다 삼봉이 가까울수록 만삭이다 난산이냐 순산이냐 팔봉산의 산문山門만이 알 수 있다 머리가 나오면 다 나온 거라고 굴 입구에서 어깨가 걸린다 어디선가 힘주라는 삼신당 삼신 할매 목소리가 들리는 듯 태아처럼 스스로 몸을 돌리게 한다 산도를 지나 산문 밖으로 떨어진다 내 몫으로 남겨진 자궁 밖의 세상 지나온 바위 서렁이 가야 할 삶만 하리요. 앞이 보이지 않는 까마득한 순간 이제부터 가야 할 길은 수천 길 낭떠러지기이다.

장마, 지하실이 잠겼다

닷새째 비가 내린다.

구렁이가 울면 장마가 진다고 했다

물 구렁이 우는 소리 들린다
천지사방 짙은 어둠을 흔드는 울음이 깊다
울음보다 깊은 물의 긴 혀,
문턱까지 널름거리고 물비늘 출렁 어둠 속에서 똬리를 튼다
그 집엔
사십 년 집만 지켜온 터 구렁이가 산다.

똬리를 튼 물 구렁이 꿈틀거리는 지하실
터 구렁이가 오래도록 내려다보고 있다

일주문 밖 삼겹살 몸 뒤집던 시간

연엽산 연화사 들어가는 골짜기
신갈나무 칡넝쿨 갈참나무 푸르다

계곡 천렵하는 사내들 지나 일주문 들어서니
삼겹살 굽는 냄새 덩달아 일주문 넘어
앞서거니 뒤서거니
취한 사내처럼 비틀비틀 따라와
아미타대불 머리가 보이는데도 따라와
허리가 보이는데도 따라와
절 마당 옆
찔레 덩굴 앙칼지게 푸른 가시 내보이고
엄나무 굵은 가시 곤추세우니
꽃 진 불두화 덩달아 헝큰 머리 내밀어
비척이던 그 넘들
슬그머니 사라져 간다 온다 없이 사라져
느릿느릿 연화교 건너다보니
갓 머리 깎은 동자승 같은 생풀 내
기다린 듯 와락 달려들어

저만치 절 주변 풀을 깎다 땀을 닦는 사내
방문객도 스님도 보이지 않는
산사의 한나절
내 발자국은 사내가 벤 풀 자국을 따라가고
사내 눈은 내 발자국을 앞서가고
산신각까지 품은 연엽산 그르메 따라
큰 법당까지였는데
주차장 벗어나니 온데 간데 알 수 없어
더운 숨 내 한번 없이 사라져
어린 동기간 두고 가는 맘처럼 뒤돌아져
연화교 위에 발자국 벗어두고 가는데
연엽산 뻐꾸기 거기까지 라고 뻐꾹 뻐꾹

일주문 밖 삼겹살 엎치락뒤치락
몸 뒤집던 그 뻐꾹새

이별 연습

  너에게 다녀와 치통을 앓는다. 무사히 잘 갔느냐는 문자가 온다 환절기면 찾아오는 목감기의 예고처럼 너를 만나러 갈 때면 욱신거리는 그리움 사랑니가 시리다 찬 것도 뜨거운 것도 닿을 수 없는 뿌리째 흔들리는 통증 아직 잇몸에서 덜 자란 네가 흔들린다. 이제는 보내야지 하던 뒤늦은 후회처럼 늘 너와 헤어지고 나면 못다 한 말들이 시린 아픔으로 온다

| 해설 |

안녕 금례 씨 — 홍천, 그 오래된 고원

우대식 시인

　사람이 살아가는 근원은 당연히 인간과 인간의 관계일 것이다. 이 자아와 타자의 다양한 관계의 양태를 우리는 삶이라 부른다. 김영희 시인의 시를 읽으면서도 사람과 사람의 핍진한 관계에서 비롯되는 삶의 뜨거운 애환을 느낄 수 있었다. 김영희 시인의 시편들은 어렵지 않게 이 푸 투안이 말한 토포필리아Topophilia(장소애)라는 개념을 떠올리게 했다. 이 푸 투안에 따르면 신체적 지각, 개체적 독특함이 인간 주변의 세계를 지각하는데 영향을 미치게 된다. 그리고 그러한 인식에 기반한 지각이 인간의 환경에 대한 선호와 이상향, 더 나아가서는 공간을 조직하는데 영향을 끼친다는 것이다. 김영희 시인이 의식했는지 안 했는지는 모르겠지만 이 시집은 홍천이라고 하는 공간과 그 주변 공간의 인간사에 대한 회고적 기록이 주를 이루고 있다. 처음에 시집 전편을 읽으며 왜 과거의 기억에서 모든 꽃 혹은 시를 피워 올리나 하는 의문을 가지고 있었다. 시에 등장하는 공간에 대한 집요한 애착은 결국 그곳과 관련된 경험과 관련될 수밖에 없다는 사실이 그 의문에 대한 열쇠를 제공해주었다. 홍천은 김영희 시인에게 모든 경험과 인식의 총체로 작용한다. 그것은 특별한 모든 일이 여기서 일어났으며, 모든 행동의 양식은 내재적으로 학습된 이 공간에 대한 기억과 관계된다는 뜻이다. 김영희 시인의 시편에서 가령 홍천이라는 구체적인 장소가 명명되어 있지 않더라도 내용상 홍천이라는 공간을 충분히 떠올릴 수 있는 이유도 여기에 있다.

> 햇살이 은빛으로 부서지는 칠월의 오후
> 화양강 휴게소에서
> 찬 커피를 마시며 창밖을 본다
> 푸른 열매 넓은 잎을 가진 가래나무 아래 강이 흐른다
> 물고기비늘처럼 반짝이며 흐르는 강물
> 강가에 누워있는 돌들, 벌거벗은 몸이 햇살에 눈부시다
> 강 돌 하얗게 누워있는 강 건너는 북창
> 북청北靑 물장수 물지게 출렁거릴 것 같은
> 북창의 한낮 아득하다
> 산그늘에 한 발 들인 묵은 집 마당
> 게으른 수탉 긴 목 빼고
> 한 번쯤 홰를 칠 것 같은 적막
> 인적이 정지된 강 건너, 시간도 잠시 멈춤이다
> 햇살만 은비처럼 쏟아지는 강 건너는 북창
> ―「강 건너는 북창」 전문

이 시에 등장하는 북창은 고요의 정점에 서 있다. 어쩌면 시인에게 가장 완벽하게 구현된 장소가 북창일지도 모르겠다는 생각을 한다. 많은 시편이 장소와 관련된 삶의 역정이 형상화되어 있다면 이 시는 장소만 그대로 복원되어 있다. 이 완벽한 복원은 현재적이다. 즉 회고적 장소가 아니라 현재진행형의 장소로서 의미를 갖는다. 이 완강한 싸움, 과거와 현재를 이으려는 긴장이야말로 이 시집의 보이지 않는 힘줄이 된다. 이 시집은 상처와 상처 이후 혹은 상처와 그 너머의 이야기인 셈이다.

　앞에 말한 바대로 홍천이라고 말하지는 않았지만 고향 집으로 형상되는 그 공간은 어머니로 상징되는 여성들의 수난사를 그대로 간직하고 있다. "사내 아우가 넷"인 "버덩"으로 시집간 "32년생 금례 씨"(「이팝나무」 부분)의 신고한 삶을 품고 있는 집이 바로 홍천이고 고향집인 것이다. "사십 여리 물어물어 누이라고 찾아온 막내/ 이밥은커녕 물 한 그릇도 못 먹이고 그 자리서 돌려세웠다고 / 두고두고 아라리로 외던 금례 씨"(「이팝나무」 부분)의 한스러운 삶은 당대 여성들의 보편적 한에 맞닿아 있다. 어머니의 삶이 자꾸 서사로 나타난다는 것은 시인의 의식 저편에 깊이 각인되어 있다는 말이기도 하다. "남자의 아버지는/ 열여섯에 홀어머니와 네 동생의 가장이 되었다는"(「그 여자」 부분) 객관화된 기술은 "금례 씨"의 슬픔을 더 깊은 것으로 만든다. 어머니 "금례 씨"와 여성인 시적화자의 상처가 그 깊이는 다를지언정 동질이라는 것을 보여주는 것이 아래의 시다.

장마철의 밤은 물이끼처럼 미끌거렸다
물컹한 슬픔이
흔들리는 등잔불처럼 방안 가득 퍼지며
아기의 울음소리를 들었다
물풀로 흔들리던 엄마의 흐느낌이 젖은 불빛으로 새어
나왔다
아침이 되어도 아버지는 보이지 않고
할아버지의 놋재떨이 두드리는 소리와 헛기침 소리만
해가 뜨지 않는 아침을 열었다

다섯째 여동생이 태어나던 열두 살 여름

—「그해 여름」부분

  이 시의 핵심어는 "여동생"이다. 아버지, 할아버지의 태도에는 다분히 시대적 폭력성이 함유되어 있다. "해가 뜨지 않는 아침"은 이 폭력성의 비유물인 것이다. 여성의 범주로 묶인 사람들은 해가 뜨지 않는 아침을 맞아야 하며 더욱이 막 태어난 저 여동생도 같은 운명에 처해질 수밖에 없다는 사실은 생래의 슬픔을 생성한다. 폭력의 피해자로서의 여성은 가족에서 좀 더 확장된 공간으로 이동한다. 「폭우」의 "동광연립 302호"에 사는 매 맞는 여성과 「돌은 제 몸에 문신을 새기지 않는다」에 등장하는 "오층에서 투신했다는 서른 하나"의 여성이 동일 인물로 겹치는 이유도 불우한 여성상과 깊은 관련을 맺고 있다. 구르다 멈춘 홍천 강변의 돌은 이러한 불우한 여성들의 상징물로 등장한다. 김영희의 시에서 자연은 아름다움을 넘어서 상처의 기원을 품고 있다. 이 시에 표현된 "물풀"처럼 여성이 끊임없이 식물성에 이입되는 것도 야만성 앞에 선 가녀린 생명인 탓이다.

> 허방에 핀 꽃이라 함부로 날갯짓 마라!
> 웃음이 헤프다고 쉬이 덤비지 마라!
> 벼랑 끝 도화로 피어 색을 부르는 모습 처연하지 아니한가
> 색을 핑계 삼아 제 생을 도둑맞아도
> 노염조차 망각한
> 꽃 진 자리 아비 모를 새끼들만 시퍼렇게 자란다
> ―「여냇골 도화」부분

홍천 어딘가에서 펼쳐졌을 이 도화 만발의 풍경은 자연물로서의 여성성이 도드라지게 드러난다. 핍박받는 모습은 여전하지만 생명을 품고 있다는 점에서 도도한 매력을 발한다. 남성들이 그토록 중시하는 모든 성(姓)이 여성에서 비롯한다는 자각이야말로 김영희의 시를 닫힌 공간에서 열린 공간으로 밀어 올리는 힘으로 작동한다. 시퍼렇게 자라는 새끼들이야말로 무엇과도 바꿀 수 없는 절대가치를 지니기 때문이다. "열네 살 지원이// 첫 꽃이 피었다고 전화가"(「초경初經」부분)온 날은 "뒤란에 몰래 심은 양귀비꽃 피던 날"이고 "오디가 꽃분

홍으로 홀로 자라는 계절"이다. 이 아름다움의 극치도 생명의 잉태할 수 있다는 가능성에서 비롯되는 것이고 여기에는 천지 창조의 성스러움을 내포되어 있다. 반면 「나팔꽃 문신」은 나팔관에서 싹을 틔우다 생명을 놓쳐버린 낙태의 슬픔을 그리고 있다. 명약관화하게 생명 없는 세계는 어떠한 가치도 가질 수 없다는 인식을 시 곳곳에서 찾을 수 있다. 「폐경」이라는 시 역시도 같은 인식을 보여준다. "물길 끊긴 묵정 논 물 풀 조차 뿌리 내리다 말라버린 빈 논/ 생산을 포기한 마른 논"이 폐경의 실체이다. 낙원과 폐허로서의 여성성은 김영희 시인의 시 전반에 스며있다. 더러 성적 비유의 담론이 유쾌한 인상으로 펼쳐지는 것도 아마 무의식 저편에 도사린 생명에 대한 옹호와도 관련이 있을 법하다. 그러한 의식이 현실을 디딜 때 홍천 장날의 흥청거림과 능청으로 드러나기도 하는 것이다.

 이 시집 전반에 깔린 또 하나의 기저는 늙음에 대한 미추美醜의 미학이다. 미와 추가 상대적 개념임은 분명하지만 널리 알려진 바대로 관찰대상의 특징을 반영하기보다는 관찰하는 사람의 시점을 반영한다는 특성을 가진다. 물론 보편적인 관점에서 균형이나 조화 같은 개념을 통하여 이분이 가능할 터이지만 늙음이라는 현상에는 단순하게 미나 추로 구분할 수 없는 요소가 내재되어 있다. 늙음이란 모든 인간의 미래라는 점에서 더욱 그러하다. 김영희 시인의 시편들은 늙음에 대하여 억지로 아름다움을 발견하려고 들지 않는다. 대상에 대해 날카로운 시선을 유지하지만 미추에 대한 직접적인 평가는 유보

하고 있다.

    낡고 오래된 목욕탕 안
    늙은 여인 느릿느릿 빈자리를 찾는다
    기역자로 굽은 등위
    목덜미부터 꼬리뼈까지 도드라진 분홍빛 골판들이 범상치 않다
    이미 멸종된 스테고사우루스.

    벌거벗은 제 몸을 탐식하던 군상들이 탐욕스러운 눈으로
    그녀에게 초점을 맞춘다
    쥐라기 공원이 사라지고 공룡이 사라지고
    백악기 시대의 멸망을 지나 인간으로 진화한 공룡의 후예들
    고생대 식물이 자랄 것 같은 음습한 그곳에서
    스테고사우루스를 마주한 그들

    동지인지 적인지 경계를 풀지 못한다
    가끔 이들의 어깨나 허리에도 미처 진화되지 못한
    골판들이 붙어있는 것을 볼 수 있다
    호기심의 탐욕스런 눈들을 피해 자리를 찾은 그녀
    몇 번 더운물을 끼얹고 느릿느릿 비누질을 한다
    등에 붙은 골판 하나 비늘처럼 떨어진다
                               ―「스테고사우루스를 보다」 전문

시적 화자는 목욕탕으로 막 들어오는 늙은 여인과 그를 바라보는 대중을 냉철한 시각으로 바라보고 있다. 늙은 여인은 쥐라기의 초식 공룡 스테고사우루스의 형상을 하고 있다. 이 공룡의 특징은 등에 붙은 골판이다. 늙은 여인의 굽은 등이 초식 공룡에 비유된다는 점에서 보편적 개념에서 보자면 추에 가까울 것이나 사정이 그렇지만은 않다. "탐욕스러운 눈으로 그녀"를 바라보던 목욕탕 안의 군상들도 공룡의 후예에 지나지 않기 때문이다. 이 후예들에게도 골판의 흔적이 남아 있다. "동지인지 적인지 경계를 풀지 못한다"는 진술은 스테고사우루스와 공룡의 후예 사이에 벌어진 시간의 거리 때문이다. 그러나 이 시에서 품고 있는 행간의 의미는 이 둘의 사이에 별다른 차이가 없다는 것을 암시한다. 공룡과 공룡의 후예, 늙음과 젊음 사이의 차이란 골판을 하나씩 떼어가는 차이일 뿐이다. 오히려 "호기심의 탐욕스러운 눈"을 가진 공룡의 후예들을 바라보는 시선은 차갑기 그지없다.

구순이 지난 황 노인
배배 꼬여가는 비탈밭 옥시기처럼 시들시들 가물어가는
오줌 줄기
벌겋게 물든 서천뢇天 바라보며
오줌 한줄기 시원하게 쏟아졌음 좋겠다

—「가뭄」 전문

"오줌 한줄기 시원하게 쏟아졌음 좋겠다"는 황 노인의 바람은 세속적 욕망과는 거리가 멀다. 오히려 인간의 본래적인 욕망이 내포되어 있다. 서천이란 서역이고 죽음이고 이곳과는 다른 세계이다. 이제 곧 죽음을 앞둔 자의 생리적 욕망을 바라보는 시적화자의 시선은 따뜻하기까지 하다. 시적화자가 바라보는 늙음이란 미추의 문제를 떠나 원래 그러한 것이라는 인식을 보여준다. 그 이면에 노부로 형상되는 구순이 넘은 그의 어머니가 있었다는 사실은 이 시집을 이해하는 한 방식이 될 수 있을 것이다.

앞에 말한 바와 같이 이 시집의 큰 부분을 차지하고 있는 것은 아흔 넘어 돌아가신 어머니에 대한 사모곡이다. 아흔이 넘었다고 말해지는 모든 것 혹은 세월의 더께가 앉은 모든 것들은 어머니와 관련을 맺게 된다. 애절한 정념은 늘 눈물을 머금고 있는 까닭에 어머니와 관련된 시편들을 읽는다는 것은 "눈물을 읽는다"(「63병동에서」 부분)는 것과 동일한 일이기도 하다. "그리고 다시는 움직이지 않는다"(「임종」 부분)고 진술할 때 어머니의 삶에 대한 연민은 임계점을 넘어서고 있는 것이다. 그 연민의 근원은 가난과 같은 물리적인 측면이 포함되어 있을 터이기도 하지만 더 근원적인 문제는 아들이 없다는 문제로 환원된다. "서른셋에 불임이 된 어머니는 아들을 낳지 못했다 새벽밥을 짓는 어머니의 머리 위로 폭설暴說은 캄캄하게 쏟아지고 죄 없는 놋재떨이는 수없이 장죽 매를 맞았고 어머니의 가슴은 수도 없이 뒤집어졌다"(「폭설」 부분)는 진술은 어머니의 삶에 대한 애절함을 더해주는 요인으로 작동한다. 그 모든 것을 자신의 책임과 과오로 받아들이면서 살아온 어머니와 그 아픔에 동행한 딸이 엮어내는 사모곡은 인생이 무상하다는 쓸쓸함을 불러온다. 직접인 진술이 배제된 한 편의 시는 그 쓸쓸함의 정조를 무한으로 확장시키고 있다.

>유월이 오면 모란이 피고
>모란이 피면 져버린 사랑 다시 피는가!
>
>어느 계절을 지우다 유월에 멈췄나!
>
>신남 가는 막차 없지?
>
>어느 여인 앞을 서성이던 기억인가
>꽃잎 다 떨구고 꽃술조차 시든 겹겹 주름진 눈
>눈웃음 싱긋하며 붉어지는 관골
>
>신남이 어디인지 몰라도 막차 시간 감추고
>연인 치마 자락 잡아보던 저물녘
>붉은 심장 꽃잎으로 지던 아직도 유월인데
>어느 사랑이 저토록 환했나!
>
>가까이부터 지워지는 아흔의 기억

검버섯 가득한 유월 모란이 붉다
　　　　　　　　　　　　　　—「모란이 환했나!」 전문

　모란이 피면 유월이고 그 유월은 멈추어버린다. "신남 가는 막차 없지?"라는 저 물음 속에 온갖 슬픔이 다 녹아들어 있다. "신남"이 어딘지 모르지만 "아흔의 기억" 속에 자리 잡고 있고 애틋한 지명이라는 것은 어렴풋이 짐작할 수 있다. 그 막차를 타고 신남으로 돌아간다는 것은 어쩌면 유토피아로의 환원을 뜻하는 것일 수도 있다. 그러한 점에서 시에 등장하는 인물(아마도 연로하신 부모님일 것이다)은 영원히 신남으로 가는 막차를 탈 수는 없을 것이다. 그것은 꿈의 길이고 상상의 공간일 터이기 때문이다. 물론 고향과 같은 구체적인 공간이 신남이겠지만 아흔의 부모님이 말하는 공간은 현실로서의 공간이 아니라 백년 가까이 세정한 아름다운 기억으로서의 공간이다. "검버섯 가득한 유월 모란이 붉다"는 표현은 부모님에 대한 마지막 인상이다. "모란이 져버리면 사랑은 다시 피는가" 하는 물음은 모란이 지면 사랑은 다시는 피지 않는다는 것을 전제한 쓰라린 독백이다. 멈추어 선 유월이 그것을 보여준다. 그 유월에 부르는 뜨거운 노래가 사모곡 혹은 사부곡인 것이다.

　　왼쪽 날개 두어 번 움직여 입술에 얹었다

그리고 다시는 움직이지 않았다

붉은 점무늬 모시나비 우리 엄마.

—「임종」 부분

어머니의 임종을 그린 이 시는 어머니의 죽음을 대하는 시적화자의 간절한 마음을 보여준다. "우리 엄마"라는 말은 언제나 다정하면서도 슬픔의 궁극에 닿아 있다. 엄마의 죽음이란 회복할 수 없는 낙원의 상실이다. 인생이 부질없다는 말은 우리 앞에 벼랑처럼 서 있는 죽음 때문이다. 엄만의 죽음이란 자신 이외에 실존적 고통을 가장 적나라하게 보여준다. 그러나 그러한 실존적 고통의 깊이도 개인적 편차가 있을 것이다. 김영희 시인과 같이 어머니의 슬픔에 오랫동안 동행하면서 어머니의 삶에 대한 곡진한 동정이 자리 잡고 있다면 더욱 각별할 것이다. 하물며 사물과 세상을 들여다보며 싸워야 하는 시인임에 더 말할 그 무엇이 있겠는가?

시집을 읽으며 눈에 띈 또 다른 형식적 특성 가운데 하나는 서사성을 구비한 사설辭說이었다. 추억의 시학이라 부를만한 내용을 통해 과거라는 시간이 주는 의미를 되새기고 풍경을 인간의 삶으로 환치시키고 있었다. 이 시편에는 해학적인 요소가 가미되어 있어 앞으로 형식적 탐구가 깊어진다면 참신한 발상이 될 수도 있으리라 판단된다. 요구하고 싶은 단 하나는 과거의 시간을 좀 더 밀어 올려 지금 여기의 문제까지 함께 담았으면 하는 것이다. 또 다른 하나는 강원도 영서 방언의 가능성을 담고 있다는 것이다. 앞으로 이 부분에서도 깊이 고구한다면 큰 성취가 있으리라 본다. 시를 읽으며 자꾸 해석한다는 것도 기실 우스운 일이다. 이 시집 속에 가장 처절하면서도 아름다운 한 편의 시를 함께 읽는 것으로 나머지 이야기를 가름한다.

> 산맥 같은 등줄기 아래 물소리 들린다
> 저녁이면 소용돌이로 휘몰아치는 성난 물소리
> 십 년이면 강산도 변하다고, 반백년 키워온 내 몸의 산맥
> 안데스 고원위에 있다는 잉카호수처럼
> 내 몸의 등고대에 새로운 물길이 생겼나
> 오래된 내 몸의 고원에 물 고이는 소리
> 밤마다 누우면 출렁이는 저 물소리
> 자연의 물길도 백 년마다 제 길 찾아간다더니
> 내 전생 온몸 물길을 가두던 호수였나
> 반백 년을 살아온 내 몸 비로소 제 물줄기 모으는 소리
> 밤마다 누우면 출렁이는 물소리
>
> ─「이명耳鳴」 전문

시로여는세상 시인선 038

신남 가는 막차

ⓒ2018 김영희

펴낸날 2018년 11월 15일
지은이 김영희
펴낸이 김병옥

펴낸곳 시로여는세상
등록일 2001년 12월 7일
등록번호 성북 바 00026호
주소 02875 서울시 성북구 보문로 29다길31, 114-903
편집실 03157 서울시 종로구 종로 19(르메이에르 종로타운) B동 723호
전화 02)394-3999
이메일 2002poem@hanmail.net
블로그 http//blog.daum.net/2002poem

편집 미술 김연숙
제작 공급 토담미디어 02)2271-3335

ISBN 979-89-93541-55-7

잘못 만들어진 책은 구입하신 서점에서 교환하여 드립니다.
이 책의 저작권은 저자에게, 출판권은 계약기간 중 시로여는세상에 있습니다.
이 시집은 강원도, 강원문화재단 후원으로 발간되었습니다.